Rien qu'une bouffée de l'oubli

Godson MOULITE

Rien qu'une bouffée de l'oubli

Varella

ISBN : 9782386170287

Préface

Rien qu'une bouffée de l'oubli est un poème fleuve. Un cours d'eau de mots qui se jette dans la pensée et une réflexion poétique la plus totale. Rappelons que ce fleuve a des affluents divers. Ce poème symbolise le cri plaintif, le triste chant d'amour de l'auteur. Comme une ombre froide et grise. Godson Moulite rentre en lui, et démêle sa pensée confuse. Une sorte de refus. Il dit non à la maltraitance flagrante faite à son pauvre pays. À Port-au-Prince.

« Le ciel plombé de lumière partout

Les pensées dérivent une source de l'huile d'encens,

La ville se dilue entre l'ombre et l'aube ».

Au clair de la lune, mon ami Godson Moulite tient sa plume, une tasse de café à la main, pour écrire des mots de douleur dans une ambiance littéraire subversive, animée. L'auteur semble prendre un grand rendez-vous avec sa petite personne, et invite paradoxalement le reste de l'univers dans sa quête.

« Je me retourne vers moi-même

Au fond de moi

Comme la routine ».

« Partout j'attends toujours le reste de l'univers

Dans mon café

La fin de ma solitude arrivera quand ma ville se met à danser, gratuite ».

Un long poème riche en images. Un ramassis de vieille figures de style pour mieux exploiter les minerais de son habilité de poète, de penseur, de philosophe.

Rien qu'une bouffée de l'oubli est une approche holistique et transversale de la pensée poétique. Le poète a l'art de se perdre dans une écriture dense, opaque, parfois dépouillée. « Un fait exprès » ! Un pari prémédité, et gagné.

J'aboutis dans la couleur d'une autre vie,

Rien qu'une bouffée de l'oubli

Où sommes-nous ?

Le café revient, cette fois-ci froid. L'auteur reprend ses idées claires. Et s'est retourné exclusivement sur lui-même, avec la tête symétriquement placée sur les épaules. Un sang froid voulu. Une respiration diaphragmatique permettant de reprendre la triste chanson, le refrain, la comptine bizarre, l'expression de douleur ou de frustration de voir sa ville malmenée, mal dirigée.

« La ville s'étire

Les pavés racontent des histoires passées, Tandis que l'écho s'efface ».

« Les heures s'étirent, le café refroidit,

Des rires flottent comme des feuilles emportées, un souffle de nostalgie ».

En réalité « Rien qu'une bouffée de l'oubli » est un prétexte. Un subterfuge littéraire pour dire que l'on ne doit pas oublier des questions existentielles...

Le poète ne se limite pas à déblatérer poétiquement, il construit également un puissant narratif philosophique, en prenant compte de certains termes globaux tels que: Amour, pauvreté, Musique, coquetterie littéraire, et tout le reste.

Le poète sait que l'amour est un feu dévorant qui ne pardonne pas quand le cœur est desservi, s'exclame t- il !

« L'amour est une lave

En révolte

Contre la mort et le néant. »

Il aborde la problématique de la pauvreté avec une telle puissance poétique, tout en pointant du doigt l'hypocrisie des leaders politiques s'amusant à tromper les votants par des promesses creuses.

« Des visages flous,

Des rires effacés,

Dans ce dédale d'ombre,

Chaque pas réussi,

Comme une promesse oubliée ».

Comme l'araignée, il utilise le fil de soie pour Skinner les toiles des mots. Le poète nous plonge dans une musique à la fois rythmée et alternée. Lorsqu'il écrit:

Il met du rythme, impose une cadence, entre en fréquence avec lui.

C'est ici, il te dit, sous mes racines »...

L'émotion est une expérience subjective, envahissante contaminant notre comportement et notre façon d'être. Les émotions sont exclusivement universelles et font partie de la routine humaine. L'auteur fait montre d'un degré de sensibilité, de communicabilité à nul autre pareil. Il y a du beau et du lourd dans le texte. Des émotions positives et négatives se déferlent sur les pages: La joie, le bonheur, l'amour, la gratitude, l'excitation. Tout comme la tristesse, la peur, l'anxiété et même la colère sont de partie dans le processus créatif de Godson Moulite.

« Dans les champs dorés,

Où le blé s'incline,

Un vent de colère souffle,

Porteur de larmes et de cris,

D'un pays en lutte. »

La résonance de ses vers neufs, intenses, est la preuve que l'auteur pense poésie. Il dessine à la limite du possible un plan de création magnifique. Plus de bornes, plus de frontières. L'auteur a fait de la poésie une grande roue de langage. Le langage des dieux. Une machine emballant les signes, les métaphores simples, et filées. Quelle aventure mêlée de forte chimère! Ce texte est une grande maison ayant beaucoup de fenêtres, de balustrades, de pièces, de halls et surtout un long tunnel de lumière, de souvenirs... Rien qu'une bouffée de l'oubli n'est pas un saut vers l'inconnu. C'est une complainte, une pétition poétique pour dire non à l'inacceptable. L'auteur n'invite pas le lectorat à la lecture de l'œuvre. Il invite le lecteur à dresser une tente éternelle dans les couloirs, les boulevards du livre.

Ricardo Auguste, poète

Pour mes frères poètes ; Ricardo Auguste,

Philippeson Juste, Yves Romel Toussaint

Et pour ma famille ; Anny, Ralph, Carlens, Claudette, Lucia Saint-Martin, Altecia Polynice.

L'art, mes enfants c'est d'être absolument soi-même

Paul Verlaine

Avant- propos

Il y a des blessures qui ont été extraites au fur et à mesure que le temps se tissait et détruit plus lentement le temps lui-même, comme une araignée méticuleuse. L'araignée regarde le cerf. Et chante Lasagne, ô lasagne.

Enterrés, consommés ou perdus, perdus d'autres sens, s'éveillent avec la cessation du bon marché, dans l'oasis de vous savoir hors circulation. Rien qu'une bouffée de l'oubli. Sortant du même canal d'irrigation qui a adouci leur emblème et leur nombre d'hommes pendant des siècles, ils ont laissé leur valeur – déjà incalculable, déconnectée – se déverser sur la semence. Nettoyez une pomme de terre souillée, un peu déformée, et quand vous la trouvez, vous lui faites de la place dans votre cabine, qui sent lentement un arôme ancien, presque non prononcé. C'est ce qui se passe avec les mots, avec la poésie de Tous les mort-vivants ; les fragrances délicates qui émergent de ses livres semblent émerger du scandale des sentiments ultérieurs, dissonant un groove très précis de l'expérience, qui s'arrête et recommence à chaque lecture dans sa propre chambre à gaz. Ils sont étranglés ici différemment, c'est-à-dire inverse, soie ou vice-versa récupérés. Ils sont coincés ici d'une autre façon, qui est retour, soie ou revers récupéré. Vous écrivez sur un Dra de toile, construisant dans les subtilités des hangars. Le mot plat qui tient à un fil. Ce qui sous les tapis supportent toute la structure, les tissages méticuleux, les nuages chromatiques et exacts de la broderie ; ce qui ne se montrent pas mais qui, en resserrant les terrains oubliés, rend possible l'existence de l'intrigue. Rien qu'une bouffée de l'oubli est un poème qui parle de surréaliste haïtien, l'oubli dans leur tombeau, un raconta récital narratif, se plaindre tantôt rebondir sur un poème sur elle-même. Ce raconta récital, ce dire :

Le cœur battant plus vite, elle s'approcha, prenant soin d'éviter les zombies qui, dans leur silence spectral, ne la remarquaient pas. La chaleur mordait ses joues, et son souffle devenait plus rapide. La lumière brillait toujours. Un espoir fragile, une lueur dans l'obscurité oppressante de ce monde en furie. Quand elle arriva près du bâtiment, elle fut frappée par l'odeur. Ce n'était pas celle de la décomposition, qu'elle connaissait trop bien, mais quelque chose de plus... vif, presque humain. Elle hésita un instant avant de pousser la porte de bois craquelée. Celle-ci grinça doucement, brisant le silence pour la première fois depuis des années.

À l'intérieur, l'obscurité l'enveloppa comme un manteau lourd, mais au fond de la pièce, une faible lueur pulsait, attirant son regard. En avançant, elle sentit une étrange énergie, comme si les murs eux-mêmes vibraient d'une vie passée. Des ombres dansaient autour d'elle, écho de souvenirs figés, tandis qu'une chaleur douce émanait du centre de la pièce. Elle découvrit un cercle de lumière, où se tenait un objet ancien, une sorte de cristal, illuminé d'une lueur presque divine. La beauté du cristal la frappa, mais ce qui l'attirait le plus, c'était cette sensation de connexion, comme si l'objet connaissait son âme. Elle s'en approcha, son cœur s'accélérant à chaque pas, attirée par une force inexplicable. Le cristal semblait lui parler, une voix douce et persistante résonnant dans son esprit. Elle pouvait presque entendre des mots, des promesses de renaissance, de guérison. Était-ce un leurre, ou pouvait-elle vraiment trouver une issue à cette apocalypse ?Soudain, un bruit sourd résonna derrière elle. Elle se retourna brusquement, le cœur au bord des lèvres. Un zombie, plus grotesque que les autres, s'était approché. Ses yeux vides, chargés de désespoir, la fixaient. Elle savait qu'elle n'avait que quelques secondes avant que cette créature ne se rue sur elle. Poussée par un instinct de survie, elle se jeta vers le cristal. Au moment où ses doigts touchèrent la surface froide, une vague de chaleur la submergea. La lumière l'enveloppa, et elle ressentit une connexion intense avec l'univers entier. Les souvenirs de sa vie défilaient devant ses yeux : des rires, des pleurs, des visages aimés disparus. Le cristal pulsait au rythme de son cœur, comme s'il reconnaissait sa douleur et son espoir.

Mais la créature était toujours là, et la lumière commença à faiblir. Dans un dernier effort, elle concentra toute son énergie sur le cristal, priant pour que son appel soit entendu. La lumière éclata dans un éclat éblouissant, repoussant le zombie en arrière, et emportant avec elle toutes les ténèbres. Quand la lumière se dissipa, elle se retrouva dans un paysage étrangement familier. Le monde avait changé, mais la beauté des collines et des champs lui était connue. Elle comprit alors qu'elle n'était pas seulement dans un autre lieu, mais dans un autre état d'être. La mort n'était pas une fin, mais une transformation. Elle se leva, émerveillée, le cœur léger. Dans cette nouvelle réalité, les souvenirs des siens ne pesaient plus, mais brillaient d'une lumière douce. Elle avait échappé aux horreurs du monde, mais elle savait que son voyage n'était pas terminé. À ses pieds, un sentier sinueux serpentait à travers des prairies fleuries. Chaque pas qu'elle faisait résonnait comme une mélodie, résonnant avec le rythme du monde nouveau. Elle marcha, le soleil caressant son visage, découvrant des paysages d'une beauté irréelle. Des arbres majestueux, aux feuilles argentées, s'étiraient vers le ciel, tandis que des fleurs éclatantes et luminescentes illuminaient le sol. À mesure qu'elle avançait, elle croisa d'autres âmes, des silhouettes qui semblaient tout aussi étonnées qu'elle. Chacun portait des traces de son passé, des éclats de douleur et de joie, mais ici, ces marques ne semblaient pas alourdir leur existence. Une femme, au regard profond et apaisé, s'approcha d'elle.

« Bienvenue », dit-elle d'une voix douce, « ici, nous avons tous été retrouvés. Nous sommes les rescapés d'un monde qui nous a oubliés. »

L'inconnue lui expliqua que cet endroit était un refuge, un lieu où les âmes pouvaient guérir. Les souvenirs de leurs vies passées étaient présents, mais ils n'étaient plus une source de douleur. Au contraire, ils formaient un tableau vivant de ce qu'ils avaient été, illuminant leurs esprits. La jeune femme se mit à explorer ce nouveau monde, découvrant des rituels de célébration, des moments de partage et de réconciliation. Les gens se réunissaient pour parler de leurs vies, des luttes qu'ils avaient endurées, et de la manière dont ils avaient été transformés. Chacun avait une histoire, et toutes ces histoires formaient une tapisserie riche et complexe. Les jours passaient, et elle trouva peu à peu une paix qu'elle croyait perdue à jamais. Elle commença à ressentir une connexion plus profonde avec les autres, comme si les cœurs de chacun battaient à l'unisson. L'amour et la compréhension régnaient ici, remplaçant la solitude et la peur qui l'avaient tant hantée.

Cependant, un soir, alors qu'elle contemplait le coucher du soleil, une pensée traversa son esprit. Ses amis, sa famille, ceux qu'elle avait perdus dans l'apocalypse... Étaient-ils ici aussi ? Une mélancolie l'envahit. Elle se demanda si, quelque part, ils cherchaient aussi leur chemin vers cette lumière.

Elle se tourna vers la femme qui l'avait accueillie, et lui posa la question qui la hantait. « Comment puis-je les retrouver? »

L'inconnue sourit avec compassion. « Ce que tu cherches ne se trouve pas loin, mais en toi. La mémoire de ceux que tu aimes vit en toi. Chaque pensée, chaque souvenir que tu chéris les rapproche de toi. »

Avec ces mots, elle ressentit une nouvelle énergie. Elle comprit que l'amour ne se perd jamais, même au-delà de la mort. C'était un fil invisible qui la reliait à eux, un pont entre les mondes.

Elle décida alors d'organiser une célébration pour honorer ceux qu'elle avait perdus. Les habitants de ce refuge l'aidèrent, et ensemble, ils préparèrent une grande fête. Ils allumèrent des lanternes, racontèrent des histoires, et dansèrent sous les étoiles. Elle se tenait là, entourée de visages bienveillants, le cœur débordant d'amour.

Et quand la nuit tomba, elle ferma les yeux et se concentra. Elle se souvint des rires, des sourires, de chaque moment partagé avec ceux qu'elle avait perdus. À cet instant, une lumière éclatante apparut, illuminant la nuit. Elle ressentit une douce chaleur, et au loin, elle crut apercevoir des silhouettes familières. Leurs rires résonnaient dans l'air, mélodie d'un souvenir. Elle sut alors qu'ils n'étaient pas vraiment perdus. Ils faisaient partie de cette lumière, de cette danse éternelle. Et à travers cette connexion, elle les sentit près d'elle, plus vivants que jamais.

Elle ouvrit les yeux, le cœur léger, et sut qu'elle était enfin à sa place. Au-delà de la mort, elle avait trouvé un nouveau sens à sa vie, un monde où l'amour continuait de briller, unis dans l'éternité. À l'intérieur, une vieille femme se tenait devant un feu mourant. C'était Lucilia, sa grand-mère. Ses yeux, creux et fatigués, se levèrent lentement vers elle. Elle ne dit rien. Elles restèrent là, face à face, deux morts-vivants dans un monde où les mots avaient un autre sens. Il n'y avait que ce silence, blanc comme la neige, et les zombies dehors qui continuaient leur marche sans fin.

Ça se passe là, sous les carreaux, sous le rideau, sous la page, l'extraction méticuleuse des essences. Comme si nous avions signé un accord qui réverbère là où nous croyons qu'il n'y a que le silence. (C'est comme ça qu'on dit fantômes aussi). Ce fil ou cette aiguille occulte, travaillant à l'envers, se nourrit d'impermanence, enregistre un écho précieux que personne ne connaît.

Restez avec la vague qui était courte à la surface de l'eau, après que l'enfant l'ait pointé avec précision des plénitudes, celle qui a disparu aussitôt, mais qui reste une trace, une rune de sensation sans balle ni bois, vapeur lamaneuse cherche l'envers, hors du commun. Qui dit mieux,

Godson MOULITE

Dans la rue de Port-au-Prince

le pas traîne, ventre plat

et un café se fume, envahit le ciel de la source beurrée.

Les souvenirs s'effacent,

Comme la brume au matin.

Des visages passent, sans reculer, des rescapés volant jadis des éclats de rire et de menthe

Mais tout glisse,

Comme de l'eau d'un ruisseau,

Impossible à saisir.

Un regard se croise, derrière ce repas

Instant volé, mille Instants pompe de jus

Et déjà, c'est loin.

Ce frisson d'un autre temps, qui passe en marchant

Un élan suspendu vers les morceaux de musique.

Les heures s'étirent, s'arrangent pour mourir.

Chaque seconde pèse un kilo de bleu

Un souffle d'oubli, une grande chambre à voler

Et dans le chaos, des souffrances.

Le cœur s'alourdit.

Un banc, une pause, des mouches.

La lumière se fane, chaque jour, tout se mêle,

L'art sur ta jupe, quelque chose de plus clair que l'oubli

dans la danse des jours.

Mais sous cette peau de mouton

le murmure d'un rêve, de chaque bouffée d'aube

Un désir, une promesse, de rat sur la lune

Se cache, imperceptible, de milliers de pains à mourir

Prêt à renaître un jour. Des jours sans internet, des rêves déambulés.

Ne serait-ce qu'un jour sur deux. Des jours pompe de sang dans ce ciel, et la marée est humaine.

Des humains dans des années chargées de milles poèmes, traînant à terme de tendresse, s'acharner sur elle-même, avec sa chute dedans histoire de caprice.

De me confirmer à moi-même sa langue de Shakespeare

Croix au Saint, battue jusqu'au sacrifice de large bâton inédit, tantôt rebondir dans des têtes tambours.

De vieux paysan d'automne, de vielle misère à l'heure pile.

Et dans son cachot sommeil d'émeute geôle de meurtre de gueule de l'heure.

Rien qu'une bouffée de l'oubli

L'instant suspendu, recoudre la terre, par sa blessure à dos d'âne
Un souffle évanoui, dans l'oubli, de rigolade tracé sur le cou
Les pensées se mêlent,
Comme la fumée d'un café.

Un regard perdu, loin.
Le bruit des jours,
Un écho lointain,
Fragments d'hier s'effacent.

Dans ce vide,
Le monde tourne,
Les mots se diluent,
Simplement, pour être là.

*

Et pourtant le soleil sur le front du croyant

Mélancolie absente, et pourtant nous avons besoin de voyager avec nos yeux aux pieds mobiles de portable de Digicel, voleur de minutes, le peuple pleure.

Et c'est pourquoi l'aube d'en haut danse, parce que Dieu marche seul sur ce bâton inédit

Je me souviens du présent et toutes les poussières perverses sur ma charge de clémence

Une ombre glisse, jusqu'au Soleil du soir
Le temps se fige, sur l'avance des extra-terrestres
Un instant de lumière,
Puis le néant. Puis le beau Port-au-Prince chargé de fatras

Des rires d'antan, des milliers de souffres
Des visages flous, comme des zombies haïtiens
Tout s'évanouit,
Comme un rêve au réveil.

Le passé se tisse, on oublie nos ancêtres décombrés
Fil invisible, mourir mille fois derrière moi-même
Mais ici, maintenant,
Seule l'errance demeure.

*

Une fois mourir nous disposons un pas un nos numéros Cordés

Noir de ce monde est le mot qu'on emprunte aux anciens pour dire pourtant nos douleurs rares dans le métro, la foule insécable autour des gares, des gares de m'avoir déboulonné sur ce chemin d'Eden pourri de grenade mûrie

Toujours en train de se mouvoir, mourir et renaître dans chaque chambre à voler de mangue-robot dans mon sang

Qui est-il ? Départ – et soudain dispersé par l'averse dans chaque côté fiabilité Pure, laine de verbe sale, de bain auréolé dans ma bouche, cassée, vibrée de sang pourri..

Puis rameutée, le tissage des foules ce n'est pas vraiment un degré sublime, rose le lune, silhouette de songe maigre dans mes yeux

Sous le ciel plombé, de lumière partout

Les pensées dérivent,d' une source de l'huile d'encens ,

La ville se dilue,

Entre l'ombre et l'aube.

Un café tiède, chaud encore à demi

La table où tu es assis,

Là, les mots s'étiolent,

Comme des feuilles au vent,

Se frayant un chemin vers nulle part.

Les visages défilent, chantent des poèmes étranglés, éphémères.
Mais dans ce tumulte, une rue.

Chaque regard croisé sur un reflet, une promesse.

L'horloge tourne,

Le temps se faufile,

Des souvenirs s'accrochent,

Autant de poussière dans l'air,

Un souffle, un battement.

Et pourtant, au cœur,

Un désir persiste,

Celui de retrouver,

Dans ce flou, cette partance horizontale

Un élan, un éclat de vie.

Tout s'évanouit,

Mais dans cette brèche,

L'écho d'un moment,

Frêle et lumineux,

Un fragment d'éternité.

Par-dessus la ville à la vitesse du vent, volé jusqu'au cou, de bout de 2 PAC dans ma bouche , dit la vie en tam tam du catogan.

L'écho d'un geste, les enfants de rue nichent leurs vies dédales

Un silence épais, et me Voici debout devant ta chambre en vanille.

La ville s'étire, derrière moi

Murmures égarés sur ma tombe.

Fragments de voix, soulagement fugace,

Un souffle, une pause, derrière ma douleur pays.

L'instant s'évapore.

Sous les néons,

Un visage inconnu,

Se perdre encore,

Dans le vertige du jour.

*

Des nuages de fumée parfumés remontant comme de l'encens jusqu'à ces années charnières que détermineront, où est-ce qu'on peut échanger nos langues vers ce soir.

Plus tard les historiens, racontent des barbelés d'histoire Bidon pour nous faciliter la mort.

Pour l'heure, rien ne va bien en bas, ni en haut, plus de cerises noires dans ma gorge, besoin de respirer, disponible pour mourir quand l'heure est à venir

Légèreté, comment respirer, voici la gare, tout près de ma ville débile

Prendre le train en marche n'est plus possible, vraiment chiottes sur ce rivé, tuiles de vernissage de bonbon mortel à regarder par derrière. Une foule de songes derrière moi.

Sa main, longtemps la prendre, la garder sans la reprendre et ce peuple va au diable pour prier les latrines.

Puis mourir, vivre un siècle et mourir, adios, puis une pluie m'a répondu très haut.

Au regret de n'avoir chassé le grand fauve en Haïti, Honduras Hong-Kong Indonésie, le fait que la mort est dédiée à elle-même, marée une vieille mouchoir dans sa chambre et un bâton dans un cimetière de lave glacé.

Rouler sa bosse au bout du globe, explorer des terres, marcher verticalement vers le soleil, et ça chauffe de peur.

Prometteuses, incultes, commercer avec des humains dits natifs, autochtones, indigènes, haïtien, palestinien, tous les charognards de ce jour pour les pans et les occidentaux banals.

Les locaux de contrées lointaines, disent je t'aime en wolof, , en chiffres et d'argent sans donner l'odeur de vin que Jésus Christ avait posé sur Pierre.

S'éparpiller dans les limbes,

Trouver un sens.

Un horizon qui ne se défile plus.

Le monde reste autrement sans miroir, sans maladie des rats cannibales sans poisson d'avril.

*

Des semblants d'autres vies s'invitent dans les hôtels, pour cacher nos douceurs sucrées de rien, de pain mortuaire.

Il pleut, c'est l'orage, c'est la ville habitée d'un soir inspiré de musique poétique nuancée sur des rythmes scandaleux, ondulé de ponctuation bidon.

La mémoire d'autres issues naguère rêvées, de rien, de bout de 2 PAC à Las Vegas.

Des idées d'outre-vie, détours, autres sentes, spaghetti sans voix à la fenêtre qui réchauffe dans mon cerveau.

Par où aurait pu contrevenir d'un pas léger, et tous les anges partent vers la brume, vers l'au-delà.

Au coin d'une fenêtre des œufs artificiels dans la gorge du temps

Le bruit s'estompe,

Des silhouettes floues, dans ma gorge le pays tombe.

Des promesses murmurées pour dire jamais.

La lumière se fane.

Une cigarette se consume,

La fumée s'élève,

Et chaque volute raconte

Des histoires effacées,

Des éclats de rires perdus.

Les pavés humides, très froid parmi la joie

Un reflet de la nuit.

Un instant suspendu,

La pensée vagabonde,

Entre l'ici et l'ailleurs,

La mémoire s'effrite,

Comme du papier au vent.

Mais dans ce vide, un éclat d'émotion, bidon ce cycle de samedi.

Et tout reprend vie,

Dans l'instant partagé.

Alors, au cœur de l'oubli,

Se cache l'essence,

D'un présent vibrant,

Prêt à renaître,

Dans le souffle d'un regard.

Tous les tracés rectilignes, décisions prises, prises par les 800 fois de ricaner sur elle-même, que chaque boire jour une bière.

D'un trait sans le zigzag où se fourvoient maintenant, nul n'est soldat que l'horizon

L'éclair puis la foudre – dans cet ordre-là, les renards se giflent entre–eux, voulaient se distinguer parmi les victimes de ce jour-là, celui de ma naissance.

Au moment où le rideau rouge calfeutrant la porte, nous avons une somme à nourrir

Laisse entrer en scène un nouvel occupant, de l'air reptilien.

Surpris par un miroir, vieux thème regarder lui-même l'avenir sans doute, il est louche.

Comme on enfreint le seuil, engageant le bras porte le sel.

En éclaireur dans le noir jusqu'à l'interrupteur et Louis Armstrong dans son verset à chuchoter tous les bras de la terre

Éblouissement, cécité – puis ouvre. Un nouveau destin nommé chambre. Caché derrière lui, quelques poèmes classés dans l'ordre du charognard, de boue de Dieu dans ma gorge.

*

Effarée livide saturée de verveine, subtil mélange de vain et de ver de vase.

Violente romantique et suicidaire, craché milles et un rire, encore

j'ai récupéré ma monnaie en même temps, sans relâcher l'affaire sur un paquet d'avocats, mûrir de honte d'avoir trop bu de l'air.

Que les pénétrations ordinaires ne cachent pas mon sanglot, de catogan milice aiguë respirée et bouffante, j'ai assumé la décharge de mon regonflement à travers des autres souffrances.

J'ai mis un doigt de plus sur la terre comme un dieu fragile, n'ayant jamais été un plaisir de bouffer une pêcheuse d' Orgre.

Pourtant j'attends toujours le reste de l'univers dans mon café,

la fin de ma solitude arrivera quand ma ville se met à danser, gratuite.

*

J'ai repensé encore à l'itinéraire des beautés, regarde derrière moi les fautes de mes sentiments envers la ville. Cette ville sans mémoire de vidéo d'antan.

Sur la marelle des arythmies des rythmes de Michael Jackson,

mes poignets exsangues s'ouvrent encore et encore à chaque danse

malgré tout d'une pulsation réflexe, nous reparlons des nous car ma voix d'évitement porte peu de mangue avec ta main.

Alors c'est à mes mains mêmes que je demande en mariage, ce vieil accord de guitare, un accord de mise à tuer.

Comment surviennent les disruptions que lâchent nos repas

*

Dans les craques des murs où je pratique mes étirements mes délits contre cœur

En attendant la permanence je sais au moins comment féconds mes repas

Fermentent la fleur d'ail sur les choses crochues de corps nu de tartare.

Je cherche à faire fructifier tous les restes de la terre

ce qui me reste de douceur et de tendresse c'est la lune autour de sa lune qui tourne autour de moi et monte sur elle-même.

Je veux faire un gros plan au cœur des tiges tendres, misérable tigre maigre

Voir ce qui croît bactérie dans la stagnante, de telle souffrance éphémère

Je surfe sur les nids-de-poule dans l'été qui bout qui pue de miel

Il y a longtemps qu'avoir été première de classe à regarder Dessalines dans une bière de grenade

Ne signifie plus rien

Mes bulletins épongent dans la boue

L'eau qui coule du climatiseur mobile Samsung

Je n'ai ni chaud ni froid je suis tempéré

Ne me dites pas de chercher la lumière

Je suis crispé et attentif de me voir stranguler de sang

*

Je suis en mesure de respecter certaines règles

J'attends qu'on me confirme

La procédure pour la canonisation de l'être

Je ne ressens aucune satisfaction à être la particularité l'exception
de l'étoile montante l'unique ciel dans ma poche

Que vous me flattiez ne m'enrichit pas vraiment

Ne me rend pas plus réelle que ça

Être mascotte ce n'est pas être

Sainte mais rien

Vous mettez des gants blancs pour me bénir d'ovule ?

*

Le désert de cette nuit est long à traverser

Mes poèmes ivres sont mes oasis ivres quand même

Comment dit-on silence en langage de cendre, SILENCE

En bonnet d'âne de poète au tableau noir des transes des trances de fiel

Je ne connais ni les paroles ni la musique de la rengaine mais une chanson décadence

Que tu chantes sans moi dans ta chambre d'échos

Les mots s'y glissent s'y nouent et puis ils s'assoupissent

Le sommeil est le pire ennemi de l'amour

Les rêves s'y promènent en toute impunité

Bribes de larmes brimborions ou fœtus d'espérances

Je me sens investi par ton destin fantôme

C'est parfois comme si je n'étais vraiment né

Que pour bercer en moi tes reflets angéliques

Tout le sel des mers closes tressaille dans ta voix

Et moi je dois veiller garde-fou de ta cause

Perdue désespérée mais que ton âme sauve

Ton âme d'enfant pur et qui s'est éloigné

Dans les bruits dans les cris dans le train-train du temps

Comment dit-on exil en langue d'agonie

De milliers de papiers à coudre
le bruit tombe à l'eau
des volumes sur la douche
des promesses murmurées,
la lumière est une fleur d'ambre.

Des repas de midi dans le ventre des poèmes
la fumée s'élève,
et chaque volute raconte
l'amour
des choses clairement bizarres,

J'ai été cet enfant qui ne jouait jamais
Qui regardait au ciel s'en aller les nuages
Comme des trains de neige en partance pour l'orage
J'ai été cet enfant qui ne riait jamais
Et qui restait des heures entières sans rien dire
Préférant écouter quand il était puni
Enfermé dans le grenier de la maison mère
Presbytère génois qui donnait sur la mer
D'un maquis d'asphodèle les mots qui me venaient
Par rafale de rage et je tapais par terre
Pour mieux accompagner mes chansons infernales
J'ai été cet enfant placé en quarantaine
D'un amour maternel qui ne sut pas se dire
Par ma faute sans doute et celle de pas de chance
J'ai été cet enfant qui n'a pas eu d'enfance
Et a grandi trop vite dans les bras du silence
Mais vos vrais enfants
C'est votre salive qui les sanctifie
je suis toujours le fils de l'autre
Jamais le vôtre
Au milieu de ta jupe
Souvent je reste seule sans personne

À qui parler, respire ma folie
Rien qu'une bouffée de l'oubli

Dans la lumière grise,
La ville s'étire,
Les pavés racontent
Des histoires passées,
Tandis que l'écho s'efface.

Un coin de rue,
Une vieille photo,
Le regard se perd,
Entre souvenirs et rêves,
Les visages se brouillent.

Les heures s'étirent,
Le café refroidit,
Des rires flottent,
Comme des feuilles emportées,
Un souffle de nostalgie.

Et dans ce tumulte,
Un instant se fige,
Un frisson, une rencontre,
Les mots s'entrelacent,
Avant de s'envoler.

Tout se dérobe,
Le temps file,
Mais au cœur de l'oubli,
Une lueur demeure,
Fragile, persistante.

C'est dans le flou,
Dans la brume des jours,
Que se cache l'essence,
D'un moment vécu,
D'un battement de cœur.

*

Dans cette histoire, les arbres bougent au ralenti.

Comme au creux d'un nouvel ordre.

La longue tige d'une plante inconnue s'élève de piment d'Espelette.

Du lavabo. Elle pousse en une nuit –cette nuit – est une femme amère.

Et s'étire vers les pleurs de deux animaux malades.

Petit à petit je perds pied dans le paysage glacé.

Si je vois une fissure, une étoile, un décor de palais de glace,

Je saurai par où m'enfuir.

*

L'enfant disparu ne refait pas surface.

Je nage en pleine distance quand le feu prend, me glisse sur la pente du jour

Dans la cuisine des cuisses de rat

Au loin, j'entends mon cirque de miel, j'entends le monde sans capote

Du passé et la chambre qui pousse et le vent dans les champs

Au bord de l'automne

J'aboutis dans la couleur d'une autre vie.

Où sommes-nous ?

Rien qu'une bouffée de l'oubli

Je joue la musique des autres, sur ma note une douche, de savon et une fillette parle de P Daddy sur ses seins de mangue.

Des hauts vivants se calent sur ma propre voiture

Celle qui torréfie la note après

Les nerfs sur la gorge

Rien d'autre qu'autre

Je souffle en tous les moyens pour nicher ma souffrance, ma souffrance solitude.

Langues je souffle pour est immobile

La lumière est dense

Qui ne passe pas vraiment en arrière

Ne passe pas reviens à mille côté

Reviens, je glisse à tes pieds

En lignes de fuites et se cacher

Match et machine

Imprégné rayonné des trances

Rayonnant pour interroger le nul

Les étoiles écoutant les radios

Sans fin sans fond sans fil

Ce que la ville me disait

Me concède mes colères

De vase de pluie

Et de lichen valse

Cette buée de boue

Glissant à travers

Les inter mondes internautes tous les rives de cendre

Je vivifie dans l'aérien de mon vol

J'explore la tension des anges et

Du paradis

Les grands charniers fair plays

Du chagrin

De la vie et de la mort offrent le sable

Offrir des joues

Mon absolu orge

Fragilité

Saluer en sueur de boue des informations récentes de la lune

La respiration

Un acte de générosité

Aimer

Je souffle

Cent mille eaux

Je me tourne vers moi-même

Au fond de moi

Comme la routine

Un chemin après

La pluie

Une perle de sable

Toutes les aubes

Viennent

À ma bouche

*

Il est aussi une joie de dire oui aux États-Unis, un désastre pays de lave

Qui se rit des heures, avec un beau sourire

Cima un animal qui s'échappe,

Revoici le salon où je vis sans uniforme :

Les murs sont pâles, les désordres qui décorent les sables

Décrivent leurs propres trajectoires, courir avec nos souffles.

Les mots finissent par former des colonnes de cœur

Sur lesquelles sont posés des visages poétiques acharnés

Tout amour est une aube, j'essaie d'être facile

Je compose dans la fumée. Des cigarettes électroniques

Revoici mon rire, car tout est perdu, dans la jungle urbaine

*

Le chemin noir de la maison à l'hôpital :

Jamais la chute ne parut si vraie, des mensonges

On voudrait écrire quelque chose que seul

Le corps aurait dit, sans dire la vérité

Un effondrement à l'intérieur de l'effondrement, de l'effondrement obscur

Cela dure trois mois avant de lever les yeux

Vers les arbres, avant de danse sur ce ring

Je me souviens du mot canapé Vert, un jour, une nuit et puis rien qu'une bouffée de l'oubli.

Dans la chambre de décomposition

Voici donc ce que la poésie dit.

Un écureuil court à travers les branches

Me laissant dans la coquille blanche du son de tambour salutaire

*

Je sais bien, que nul

N'a laissé de trace.

J'avais l'espoir qu'au réveil ta main me donne à souper

Comme cette auberge

Écrit de nulle part

Je lis le journal, une autre

Fusillade, dans ta boîte à danse

Je lis le journal Le National et des poèmes étranglés par la main

*

Lentement cette ombre

La lumière du matin, cache

Redessine au sol les soldats qui, tués des poubelles

Les lattes des persiennes bagnoles

Nous cachons nos yeux derrière nous-même

Dans les replis des draps sur entendus

Et retrouvons un sommeil depuis

*

Nos corps assoupis de douleur

Entre parenthèses, nos cartouches rechargeables se lancent dans le silence.

Une pause de mort

Et le temps en attente, avec nos vaisselles

Matinée de fin de semaine, poudrière de ciel.

Les heures défilent interminables en sanglots

Et j'entends ton sourire, dans mon sang comme de gloire

À chaque page une suite

de conjuguer l'amour.

*

Et toi tu me regardes danser

Avec tendresse et courage

Et, tandis que ta main au matin me remplit de peine

Caresse mon visage de boue de sel

Et souligne mes contours, de crises

Avec tendresse encore et encore

Tu prononces deux simples mots. Et à la suite une rivière nage vers le soir

*

Le reflet mouillé des nuages me silhouette
Qui assombrit le décor des émeraudes pruneaux
Un train qui attend des masques
Dans un vacarme gris de vacances
D'annonces microphoniques des lasses.
Son départ imminent
Et mes doutes sur les lézards

Et un numéro de quai sur mes fesses dansent.

Les aiguilles de l'horloge
Indiquent les points cardinaux
Les espaces de l'attente
Arrivées ou départs
Et le temps
Immobile départ
Et désespérant cette musique si drôle
Passe en silence nos sueurs.

À bord d'un train , nos visages tombent.

J'avance dans une pluie battante

Rapide et horizontalement invisible

Les gouttes en transparence d'eau

Dessinent les chemins éphémères du retour

Les racines intimes de chaque côté

D'une cartographie humide de catogan

Comme oubliée les allumettes

*

Et un dessin se dessine lui-même

*

La route

Droit devant

Loin derrière

Les villages ressemblent

À des décors de cinéma

Le réservoir est plein

*

Il ne reste de dire adieu

Que de l'huile vers ma solitude.

Poussière amadouée comme un poêle sans cervelle.

Fenêtres brisées dans la gorge

Enseignes rouillées de miel

Le vent qui siffle est un duo de ville

*

Parfois dans une station-service des Richer

Au milieu de nulle part, marche

On nous demande où étions-nous

What are you doing here ?

Les trois poèmes présentés sont inédits, ce rideau qui ne dit pas bonjour

*

Tu as encore été brouter les plantes vertes du salon ? Chaussures sportswear entre nos pains quotidiens dit ma mère, armée d'un sécateur, électrique

Et tandis que je me faufile derrière la télé,

Les lames de cet oiseau à bec plat nous torturent en hauts placards

Que les humains appellent outil de jardinage bricolage

Me sectionnent l'arrière personnes

*

Et j'ai beau essayer de marmonner quelque chose d'audible de digne de sauce Guignol

Avec mon nez inadapté au maniement de la langue chinoise

Les cris gluants et la marmelade vocale de pan

Qui s'écoulent de mes organes buccaux, lassé de frite, et me voici clignotant, dignement effacé et dans l'immédiat pris par ma mère comme une nouvelle provocation, toute sorte de mouche que je reçois un nouveau coup de cisaille de cuillère

Et que moi-même

Dans ma nervosité de Moine

Tranche mes yeux en érection, silhouette du jour où lesquels tombent à côté du ficus et me regardent m'enfuir, rien de m'enfuir

Tandis que je rampe à toute vitesse pour échapper à ma blessure, ce rocher, monstre

Mais la blessure me suit, partout en haut de ma douleur

Salopant derrière moi la moquette avec mes organes libérés, de sperme chaud dans mes songes

Tandis que je suce littéralement sur ma propre bave. Lavé ma bouche avec du sang pur de la pomme

Cette sécrétion colloïdale complexe à haute viscosité, épluchant auréolé

Ma puce la considère comme une autre provocation, mes désirs de dire adieu à la montagne qui m'enterre

Pire qu'une provocation, pour elle, c'est l'écriture du dimanche oui de vrai duo sous la douche

Alors que si on prend un peu de recul dans ce minuscule farouche opposant la main,

Et qu'on regarde les traces que je viens de laisser sur le canapé-vert dans cette attente montagneuse

Les lettres que j'ai formées avec mon corps en bavant sur ma chair sont ridicules, une toute petite beauté, partie en fumée

*

Le maniaque de la gâchette

Était en train de valser avec la femme de sa vie.

Autour d'eux les autres danseurs tournoyaient avec des sourires crispés,

Car le maniaque tenait bien sûr à la main son fétiche,

Un Beretta 357 Magnum,

Et à chaque 3e temps de cette danse à 2 il se tirait une balle dans la tête.

Lorsque le 1er temps revenait, sa tête renaissait.

Et au lieu de dire qu'il les menaçait tous avec son arme,

Les invités disaient que c'était à cause des musiciens,

Que la valse durait trop longtemps,

Et à chaque 3e temps, l'homme à la gâchette facile

Se tirait une 20e ou une 30e balle dans la tête,

Éclaboussant les sourires glacés des danseurs avec sa cervelle immortelle.

Quel beau mariage, quelle fête réussie,

Disaient les invités, la face couverte de grumeaux.

Et le plus beau c'est que cette valse effectivement

Semblait ne jamais devoir finir, et à chaque fois que,

Le bras tendu, il se tirait une énième balle dans la tête,

Il ponctuait son geste en disant :

Dans ta gueule, Aphrodite

Les rues s'étendent,
Un labyrinthe de pavé,
Où chaque coin murmure
Les souvenirs d'hier,
Tandis que le jour s'éteint.

Les cafés résonnent
De voix égarées,
Des rires s'entrelacent,
Mais tout semble fragile,
Comme un rêve à la lisière du réveil.

Un regard croisé,
Un sourire esquissé,
Dans ce flot d'étrangers,
Un moment suspendu,
Un souffle d'éternité.

Les heures s'étirent,

Chaque seconde pèse,

Le temps se dilue,

Comme la brume au matin,

Rendant tout incertain.

Sous les néons blafards,

Des ombres dansent,

La mémoire se tisse,

Des fragments d'un passé,

Que l'on peine à saisir.

Et pourtant, au cœur de l'oubli,

Une lueur persiste,

Un éclat de vie,

Dans les gestes anodins,

Les silences partagés.

C'est dans cette errance,

Que l'on trouve l'essence,

D’un instant précieux,
D’une connexion éphémère,
Prêt à se dissoudre, encore.

*

Un miroir oblique est suspendu

Au-dessus de la banquette où il est assis avec les autres,

Une dizaine d'hommes et de femmes qui l'écoutent attentivement,

Et tout en parlant avec eux

Il continue d'agiter ce pistolet

Qu'il tient à la main comme s'il s'agissait d'une cigarette.

L'acier du canon va et vient sous les yeux des convives

Qui l'observent tout en suivant la conversation,

Buvant à petites gorgées l'alcool qui chatoie dans les verres. L'homme ne cesse d'appuyer ses propos

En les accompagnant de gestes

Avec la main qui tient cette arme,

Et de temps en temps, bien sûr, un coup part.

La balle sort du canon, file tout droit, puis la trajectoire

S'incurve, et la balle part en slalomant à travers la salle, à sentir la mer derrière lui en jambe de bois

Parfois c'est une chaise qui vient à peine de s'asseoir, est un vent

Ou alors une dame qu'on entend rire et qui se tait subitement, après l'inverse d'amphore

Et nous continuerons de parler, d'agiter mon sang secoué le ciel ouvert, tombe de farine à sucre

Et lorsqu'on vient le voir pour lui dire que je suis un Dieu nous risquons de perdre ce soleil arrogant

Qu'une minute vient de traverser la vitrine, et un dîner d'odeur

Et d'achever sa course dans une poussette de poêle inachevée

De l'autre côté de la rue, la vie

L'homme répond qu'il n'y est pour rien, après avoir tué un petit qui puisse être un mouton

Et que c'est aux autres moutons de juger ma peine

D'assumer la façon dont ils reçoivent les balles dans le côté

*

La parole qui coagule, et cet océan de glace

Sur les carreaux blêmes Atlantide de sel

Rapprocher les deux lèvres d'une minute à l'autre qui se mit debout

De la plaie ouverte à la cheville veuve

Par-dessus l'entaille profonde, qui résonne le silence des autres

De la blessure à compte de cœur

Bricolage outillage de l'orbite

Ni portulan mortuaire

Le ruban de crêpe enserre la main

La chair-déchirure de la bouche

Tel un poème albinos

Les fruits se sont multipliés

Le temps surfile, sifflé les humains

L'ecchymose qui m'arrose

La nuit nous collait sa poussière à la main – on a la bouche mince, on a le regard fêlé. On est entré : un acétite de pierre pour l'épaule, lavandes auréolé sous nos mains. Les cerisiers nous plaquaient leur odeur rêche à la gorge, la douceur d'un laurier au regard et nos tempes. Un bruit sourd, franc comme poignée de main, des pots de grès humides : délassements à l'ombre, table d'herbe verte qui – on y croit mal – sont les nôtres.

L'heure nombreuse, le vent de la nuit, troupeau s'arrondissant sur l'herbe bientôt noire : nous est jardin tout ce qui brûle

D'une peau neuve

Grêle opercule

Paupière

L'œil bleu malvacé

Les jours cicatrisent

La meurtrissure

Où s'enracinent les tiraillements

La déconfiture de drupes dégorgés

Se métastase en constellations-moisissures

Sur le lait qui a tourné

Les pavés sont mouillés,
La ville brille sous les néons,
Chaque pas est un sanglot auréolé
Comme un battement de cœur,
Un rythme qui s'accélère.

Des voix s'élèvent,
Fragments de vies entremêlées,
Dans le tumulte des jours,
Des machines à coudre sur ma langue est une femme amère
Dans l'écume des souvenirs.

Un café au coin,
La vapeur s'élève,
Des rires figés dans l'air,
Un instant volé vers la lumière,
Qui s'évapore au moindre souffle.

Des regards se croisent,
Un échange furtif,
Mais déjà, le temps file,
Le moment s'efface,
Comme une étoile qui s'éteint.

Sous la lumière blafarde,
Les visages se brouillent,
Des silhouettes dansent,
La nuit engloutit tout,
La mémoire devient ombre.

Pourtant, dans cette brume,
Une étincelle demeure,
Un frisson d'authenticité,
Dans le chaos de l'oubli,
L'écho d'un battement vivant.

C'est ici, dans ce flou,
Que se cachent les instants,
Précieux et fragiles,

Où l'on comprend que vivre,
C'est aussi s'abandonner.
C'est un petit bruit d'abord, dessous dedans,

Derrière et devant, qui bat vite, très vite,
Pressé d'écarter les herbes hautes, grimper

À l'aplomb, un petit bruit dans un terrain de jeu

Minuscule.

À la périphérie nous sommes regroupés, parfois

Inquiets, parfois joyeux, avec tes exploits en construction.

Je te reconnaîtrai quand tu sortiras avec ton petit

Sac de randonneuse.

Comment te mettre à l'abri des catastrophes ?

Ma femme crie. Elle crie à petits cris plutôt qu'à grands cris. Elle crie quand elle souffre. Elle crie de surprise, de frayeur subite, de joie, rarement de colère. Rien qu'une bouffée de l'oubli

Dans le crépuscule,

Les lumières s'allument,

La ville exhale un souffle,

Des murmures de vie,

Se mêlent à l'écho du passé.

Des visages flous,

Des rires effacés,

Dans ce dédale d'ombres,

Chaque pas résonne,

Comme une promesse oubliée.

Un café fume,

Des souvenirs s'invitent,

L'arôme d'un instant figé,

Tandis que le temps s'étire,

Entre les doigts comme du sable.

Les heures s'entrelacent,

Les regards se croisent,

Des éclats de vie,

Qui s'évanouissent,

Dans le tourbillon du quotidien.

Et pourtant, au cœur de l'oubli,

Une étincelle persiste,

Un frisson d'authenticité,

Dans ce chaos ordinaire,

Une vérité, fragile mais vive.

C'est dans cet entre-deux,

Que l'on découvre l'essence,

De chaque moment partagé,

Un souffle, un battement,

Avant que tout ne s'efface.

Ses cris racontent différemment sa voix. Elle dit qu'elle s'en étonne, s'en effraie parfois.

Rien qu'une bouffée de l'oubli

Dans la lueur des réverbères,
Les rues murmurent des secrets,
Des ombres errent,
Des pensées se heurtent,
Dans le ballet du quotidien.

Un café au coin,
L'arôme du temps qui passe,
Les voix se mélangent,
Des éclats de rires éclatants,
Mais tout reste suspendu.

Les visages défilent,
Des souvenirs s'effacent,
Chacun porte un morceau de vie,
Un instant de chaleur,
Avant de se perdre à jamais.

Le vent soulève des feuilles,
Comme des pensées envolées,

Chaque instant,
Un souffle d'éphémère,
Une promesse non tenue.

Et dans cette fuite,
Un regard échangé,
Une connexion fugace,
Un élan de compréhension,
Dans le brouillard de l'oubli.

C'est là, dans ce flou,
Que se cache la vérité,
L'éclat d'un moment vécu,
Qui, bien que fugace,
Résonne au-delà du temps.

Elle ajoute que les cris des autres l'impressionnent énormément et qu'aussi loin qu'elle s'en souvienne, elle a toujours sursauté et tremblé aux cris d'autorité ou de disputes. Ma femme a plusieurs registres de bêtes dans sa voix. Mais surtout plusieurs oiseaux. J'ai en tête leurs inflexions, de la plus grave à la plus aiguë, leur longueur comme leur brièveté, leur mélodie aussi.

Quand j'étais petite, tout le temps,

On me demandait pourquoi j'étais triste.

Je fis d'une limace une amie, la même taille

Que mon doigt, mais plus froide.

Je suivais le bruit des clefs de ma mère.

Si elles s'éclipsaient en lieux sombres, je me cachais.

Mon père rapporta à la maison des roses en boutons

Pour ma mère : un anniversaire.

J'étais sûre qu'elles étaient pour mon institutrice,

Qui me tenait la main quand j'écrivais

L'alphabet, mais me disait bon travail

Comme si j'inventais tout.

Dans des climats chauds, le désir de pluie

Me venait d'instinct.

Ne répondant à aucune question,

Je tentais d'être ce qu'ils voyaient
Aime encore
Aime plus fort
Traverse les murs opaques
Perce le tympan du temps

L'amour est une lave
En révolte

Contre la mort et le néant
Orange et citronnier
Orange sauvage, parfum,
Grâce blanche dans la lune
Et le rythme de la danse
Du vent.

Le rivage est plein d'étoiles
Ton tablier est comblé de fleurs.

Un chant s'est levé, plus tard
Seul, s'est assis sur les rochers :
Il a transformé les étoiles
En épis. Et puis plus rien.

Ça reste entre nous t'inquiète
J'ai tout écrit mais de travers
J'ai tout dit mais de biais
Ce sont des noms de code
Un jeu de piste
Une messagerie sécurisée

Personne n'a besoin de savoir
Et personne ne comprendra
Non personne ne comprendra
Personne d'autre que toi
Colliers de jours identiques

Matins d'espoir soirs de fatigue

Jours gris comme perles de pluie

Fil après fil

Le temps de la guerre tresse sa corde

Entre une ville et une autre ville

Entre hier et demain

Entre pouvoir et devoir

Notre amour

Vaillant

Funambule au-dessus de l'abîme »

Et ici, et maintenant, tu es figé.

La stupeur du temps divisé par l'infini. Rien ne semble plus déranger.

Comme un lieu abandonné.

Comme une pièce vide.

L'écorce des âges, les cernes des replis, les feuilles, les branches, la sève du râle.

Mais on ne t'entend pas.

Saragosse aurait peut-être été plus immédiat.

Saragosse aurait peut-être permis ton abscission.

Ainsi le sort en décide autrement.

Clotho et Atropos ont fait fuir Lachésis.

Et on danse certaines nuits autour de toi, et on chante aux équinoxes,

et ici , maintenant, et demain,

et loin devant tout comme hier, la vie défile.

La ressens-tu dans le vent ?

Ressens-tu les oiseaux qui se posent, cet homme qui est mort à tes pieds,

la chaleur du soleil, la pluie qui te noie ? Entends-tu le chant des astres ?

Des étoiles naissantes, des soleils mourants,

des trou noirs engloutissant puis vomissant la matière ?

Entends-tu les soubresauts du commencement et le calme de la fin des temps ?

Tu es ici comme nous sommes là-bas,

dans nos tours de bétons, nos tours qui nous aplatissent,

nous effacent, nous rendent quelconques aux yeux des voyageurs parcourant le ciel. Tu es ici,

comme nous sommes immobiles dans nos gesticulations.

Tu es ici, comme nous sommes chaque nuit dans le noir les yeux rivés au plafond.

Sparagmos aurait peut-être été plus louable.

Sparagmos aurait peut-être été du bon sens.

Les dés ont été jetés,

lachésis aurait voulu construire une belle ligne, mais, dans les mains de Clotho tout s'est emmêlé, tout a été gâché.

Alors, fatalement,

Atropos a coupé et Lachésis a fui.

Certaines nuits, on croit t'entendre. Immobile au milieu de la végétation.

On croit deviner tes bras dans les hauteurs suppliées qui, ou quoi, nous ne saurons jamais.

Certaines nuits, on croit te voir bouger, de gauche à droite.

Une tentative comme une autre de te déraciner.

Alors les moires viennent te pleurer, s'excuser, elles ont perdu le fil.

Les moires tournent autour de toi, te racontent les vies, te caressent, puis s'agacent, t'accusent, et disparaissent.

Rien qu'une bouffée de l'oubli

À l'angle d'une rue,

Les lampadaires scintillent,

La lumière danse sur les pavés,

Tandis que les ombres se glissent,

Comme des souvenirs égarés.

Des conversations s'élèvent,

Échos de vies entremêlées,

Chaque ricanement,

Un reflet d'un passé proche,

Mais tout reste incertain.

Un café à moitié vide,

La tasse tremblante,

Un arôme de café amer,

Tandis que le monde passe,

Emportant avec lui des fragments.

Des visages défilent,

Certains familiers, d'autres étrangers,

Chacun porte une histoire,

Un éclat de lumière,

Avant que tout ne s'éteigne.

Les heures se diluent,

Comme des ombres au crépuscule,

Un regard partagé,

Un instant suspendu,

Avant de disparaître dans le flot.

Et dans cette fluidité,

Le cœur s'accroche à l'éphémère,

Une connexion fugace,

Une tendresse silencieuse,

Dans le fracas de l'oubli.

C'est là, dans ce vertige,

Que l'on découvre la beauté,

D'un moment vécu,

Fragile et précieux,

Prêt à se dissoudre dans le néant.

Mais sous cette couche d'oubli,

L'écho d'un battement,

Un souffle d'humanité,

Rappelle que chaque instant,

Même fugitif, laisse une empreinte.

Des cycles parcourent ton écorce, nuit, jour, mois, années, les étoiles défilent, le soleil se lève, puis repart.

Des cycles que tu ne comptes plus. Car ici tu as appris à aimer ton supplice.

Tu lui as donné un nom, une dimension, une symbolique.

Tu as construit un sens autour, et chaque jour, et chaque nuit, et chaque instant, dans chaque seconde que tu habites, tu l'appelles en toi,

comme une promesse d'élévation,

comme un exil, comme une palingénésie.

Des sentes veineuses,

des griffes boisées, de la boue grumeleuse, au-dessus des vents hurlants, autour des rires précoces. Un lieu comme mille autres, un lieu comme nul autre pareil. Des bruits d'acier, de ciseaux ?

Des Moires qui guettent ? Est-ce le passé qui résonne contre les écorces ?

Ou bien le futur qui renverse les arbres en s'approchant ?

Trois petits pas, puis l'attente,

encore un pas, puis un autre,

rien ne bouge, tout bascule.

Regarde ici, en bas, là-bas,

une silhouette ! Elle te regarde, elle te sent, elle aimerait te toucher, t'avaler, t'intégrer à ses chairs pour ne plus être qu'un. Mais elle ne peut pas,

elle le sait et pleure en silence.

Encore un pas, de côté cette fois.

Puis retourne -toi.

Plus rien, ce qui n'était là que pour toi n'est plus, tout a disparu.

Ainsi, le risque n'est plus d'avancer, mais de reculer.

Quand bien même oserais-tu que resterait-il de toi une fois accompli ?

Sonne, frappe, siffle, manifeste-toi.

Cogne contre ce chêne.

Il est creux, il vibre sous tes coups.

Il s'agite de tes vibrations.

Ses feuilles tombent doucement.

Frappe encore, mets du rythme, impose une cadence, entre en fréquence avec lui.

C'est ici, il te dit, sous mes racines,

cherche ! Il te dit que le temps commença dans le gland qui se brisa.

Puis ses racines déchirèrent le sol repentant la malédiction.

Depuis tout s'accélère, depuis la mort est là, qui rôde, qui cueille, qui efface.

Il te dit creuse, il te dit de planter tes doigts dans ses racines,

de te nourrir du mycélium, de rejoindre le réseau.

Toi aussi, tu peux devenir un arbre,

toi aussi, tu peux danser au vent.

Mais l'autre pleure,

il aimerait t'avoir en lui,

il aimerait te faire disparaître,

car il t'aime,

tu es sa création,

il t'a toujours aimé dans sa rage et dans sa haine.

Mais il ne peut pas,

et plus tu creuses, plus il gémit,

plus il recule,

encore un pas et il disparaîtra.

Peut-être, ou bien est-ce toi qui te volatiliseras ?

Des pleines poignées,

dans la bouche,

c'est terreux, caoutchouteux, amer, croquant, tu veux vomir,

mais tu ne peux pas, tes mains te nourrissent sans te demander ton avis.

Et tu t'enfonces dans le sol et le chêne s'agite, et le vent chante,

et le ciel se dilate, plus grand qu'un cœur, plus grand que le temps.

C'est comme mille vies en une, qui se percutent et te déchirent.

Comme mille lieux qui ne deviennent qu'un, ici et maintenant.

C'est l'horizon qui cesse de fuir pour te déchirer en une ligne infinie.

C'est beau, tu te dis,

c'est ici que tu aurais aimé mourir, tu penses.

C'est beau comme l'envie de s'arracher la peau et de dessiner ses chairs du bout des doigts.

C'est beau comme engloutir tout ce que l'on voit et le vomir par-dessus la portière d'une voiture en roulant sur l'autoroute. C'est beau comme l'insolence de ton regard à cet instant.

Raconter les sensations,
dévêtir la nuit,
accueillir l’automne naissant.
regarder les arbres respirer,
caler son rythme sur eux,
avancer avec la brume,
sans jamais,
bon jamais perdre sa route,
car qui sait où partent les brumes,
quand le soleil arrive.

À corps perdu,

défilent les bifurcations,

le soleil brûle,

le tissu colle,

le souffle court,

saccadé,

usé,

vient la ligne de fuite,

celle qui brille.

C'est comme un départ.

vers un ailleurs.

un instantané qui en devient un autre

une succession de séquence

un peu pareil, mais différent

À chaque fois.

s'arracher à la contemplation pour tomber dans un autre moment.

puis un autre,

encore un. Jusqu'à ce que.

Jusqu'à l'ivresse de la nostalgie,

jusqu'à l'émerveillement des absences. Jusqu'à la tristesse des instantanés qui s'érodent,

qui se mélangent puis disparaissent dans cet amas de souvenirs.

Et c'est comme entretenir une illusion, un palais des vécus,

un palais aux mille portes, ouvrant sur des images de plus en plus éthérées/altérées.

Et dans ce palais, il y a ce corridor menant aux différentes portes. Point de guide. Point de repère.

Tout se replie sur soi, tout s'illumine en soi, comme des vagues s'entrechoquant dans un silence électrique.

Comme un vortex nous projetant les échos dans chaque recoin de notre mémoire.

Tout résonne,

tout vibre, de plus en plus lointain.

De plus en plus sourd.

Chaque redevenir est un sursaut avant le silence.

Parfois parvenant à peine à être une pulsation.

Quelquefois une déferlante acide.

Ou chaleureuse.

Ou froide. Et l'on plonge, qu'importe l'onde de choc.

Qu'importe la zone de déflagration. On plonge.

Comme dans un bain d'acide nous brûlant chaque molécule,

nous allégeant de notre substance terrestre.

On plonge dans chaque instant.

On brûle dans chaque séquence.

Les flammes dansent,
Dansent et crépitent,
Un feu de bois qui murmure,
Des histoires anciennes,
Des secrets chuchotés dans la nuit.

L'odeur de la fumée,
Mélange de terre et de mémoire,
Embrasse les sens,
Rappelez-vous des rires,
De visages illuminés par l'orange.

Les braises brillent,
Comme des étoiles égarées,
Chacune porte un éclat de vie,
Un désir, une promesse,
Avant que tout ne s'éteigne.

Les souvenirs s'enroulent,
Dans les volutes de fumée,
Passés qui se fondent,
Comme des cendres emportées,
Par le souffle du vent.

Et dans ce crépitement,
Une chaleur demeure,
Celle des liens tissés,
Des instants partagés,
Dans la lumière vacillante.

Le feu, témoin silencieux,
De nos joies et de nos peines,
Dans son cœur ardent,
Il garde l'écho des âmes,
Avant que tout ne s'efface.

Ainsi, face aux flammes,
Nous découvrons la vérité,
Que chaque moment vécu,

Malgré l'oubli qui s'installe,

Brille encore dans la nuit.

Ce qui restera de nous ne sera pas ça.

Ce qui restera de nous, ne nous appartient pas. Nos souvenirs non plus.

Nous sommes éphémères, tout comme le reste.

Nous sommes des instantanés d'autres personnes.

Des séquences d'autres souvenirs.

Nous nous diluons dans le temps.

Dans le froid et le brouillard, dans la lumière du matin,

alors que la ville se réveille, tes murmures résonnent.

Un écho lointain, qui de guerre lasse, n'attend plus de réponse.

Il paraît que nous pouvons communiquer, mais que le temps a effacé comment.

Il paraît que le destin nous sépare temporairement.

D'un lieu à un autre, d'une dimension à une autre.

Dans cet espace qui se contorsionne en une multitude de plis pour finir par ne tenir plus qu'en un seul mouvement,

je t'entends pourtant.

Rien qu'une bouffée de l'oubli

Dans les champs dorés,
Où le blé s'incline,
Un vent de colère souffle,
Porteur de larmes et de cris,
L'écho d'un pays en lutte.

Les cœurs battent à l'unisson,
Des voix résonnent dans la nuit,
Chuchotant des histoires,
De courage et de résistance,
Sous un ciel lourd de promesses.

Les enfants dessinent,
Des rêves de paix sur les murs,
Leurs rires troublés par l'orage,
Mais chaque coup de pinceau,
Est une rébellion contre l'oubli.

Les villes portent des cicatrices,
Chaque ruine, un témoignage,
De l'amour perdu et du désespoir,

Mais dans chaque regard,
Brille la flamme d'un avenir.

Les cœurs s'unissent,
Dans un élan de solidarité,
Une main tendue, un sourire,
Face à l'adversité,
La force d'une nation se révèle.

Et dans cette lutte,
Une lueur d'espoir persiste,
Au-delà des ombres,
L'Ukraine se dresse,
Prête à renaître, à aimer.

La fureur du passé, de l'agonie, des milles et une vie qui s'envolent.

Que verrions-nous si nous creusons sous nos pieds ?

Nos vestiges ?

Des corps emmêlés, noués, enracinés ?

Des chairs et des os nourrissant les arbres ?

Il est admis que nous ne sommes qu'un état transitif de la matière, incomplet,

comme le verbe, que nous devons fatalement avoir un complément pour nous sentir entiers ?

Et pourtant, je suis là, dans le froid et dans le brouillard, et je t'entends.

J'entends tes murmures, ta colère, tes peurs, ton refus du destin accompli.

J'entends et je vois.

Je vois tout ce qui fut, et tout ce qui ne fut jamais,

j'entends tous les lieux et les moments qui ne sont plus,

tous les couchers de soleil et les lunes mortes,

les oiseaux volant sur le dos et les poissons nageant à reculons.

Je vois tous les débuts échoués et toutes les fins ratées,

tous ces chemins que nous avons refusés dans notre prétention à nous élever au-dessus de tout,

au-dessus de toi. J'entends , je vois,

je sens et je tremble, dans les entrailles vient assaillir tout ce ressac d'un autre monde,

vient couler l'acide que tu verses inlassablement.

Et c'est grand, immense, infini,

un lieu en soi qui s'ouvre comme mille portes d'un vieux palais abandonné, les courants d'air putrides, les pièces enténébrées ou se refusent même à entrer les échos.

Dans le froid et le brouillard, dans la lumière du matin,

je t'entends, te vois et te sens.

Sous le ciel chargé de poussière,
Les voix s'élèvent dans la nuit,
Un murmure de résistance,
Dans les ruines d'un espoir,
La mémoire d'un peuple qui endure.

Les enfants jouent,
Entre les décombres,
Leurs rires éclatent,
Fragiles comme des pétales,
Dans un monde qui s'effondre
Les murs portent les cicatrices,
Des histoires de lutte et de peine,
Chaque pierre, un témoignage,
De rêves brisés, mais vivants,
Dans le souffle de ceux qui restent.

Les cœurs battent au rythme,
D'une terre qui réclame la paix,
Un désir d'avenir,
D'un horizon libéré,
Où les larmes se mêlent aux sourires.

Et dans ce chaos,
Une lueur d'espoir,
La solidarité s'enracine,
Un fil invisible entre les âmes,
Dans l'adversité, la force se tisse.

Alors, au cœur de Gaza,
L'histoire continue d'écrire,
Un chant de résilience,
Où chaque jour, malgré l'oubli,
Se lève un nouvel éclat de vie.

Dans les rues de Port-au-Prince,
Le bruit des moteurs et des cris,
Un chaos vibrant,
Tandis que l'ombre de la guerre,
S'étend comme une mer de désespoir.

Les murs, témoins silencieux,
Des rêves brisés et des luttes,
Chaque ruine, une mémoire,
De l'espoir égaré,
Dans le tumulte des jours sombres.

Les enfants jouent à l'ombre comme des fous féeriques
De bâtiments effondrés contre l'amour
Leur innocence défiant la peur,
Un éclat de vie,
Dans un monde qui chancelle.

Les voix s'élèvent,

Résonnant de colère et de douleur,

Des chants de résistance,

Dans les ruelles étroites,

Où la vie cherche à s'accrocher.

Les cœurs battent à l'unisson,

Entre la lutte et l'espérance,

Chaque regard échangé,

Un serment silencieux,

De ne pas céder à l'oubli.

Et dans ce désordre,

Une lueur d'humanité,

La force d'une communauté,

Prête à relever la tête,

À bâtir, malgré la guerre, un avenir. Quel surprise de mourir debout, sale con de brute, l'âne-humaine, quelle surprise de sucer nos sangs comme un petit laid, comme tous les rats cannibales

Achevé d'imprimer en Decembre 2025

Dépôt légal : Decembre 2025

Pour

Éditions Varella

17, rue du Pressoir

95400 Villiers-Le-Bel

www.ingramcontent.com/pod-product-compliance
Lightning Source LLC
LaVergne TN
LVHW010112170826
845678LV00012B/2363

* 9 7 8 2 3 8 6 1 7 0 2 8 7 *